EL ARTE
DE LA GUERRA

EL ARTE
DE LA GUERRA

SUN TZU

Versión de Thomas Cleary

Shambhala Español
Boulder
2012

SHAMBHALA ESPAÑOL
Una división de Shambhala Publications, Inc.
4720 Walnut Street
Boulder, Colorado 80301
www.shambhala.com

Título original: *The Art of War*

9 8 7 6 5 4 3

Impreso en los Estados Unidos de América

✿ Shambhala Publications hace todo lo posible para imprimir en papel reciclado.
Para mayor información por favor visitar www.shambhala.com.

Distribuido en los Estados Unidos por Penguin Random House LLC
y en Canadá por Random House of Canada Ltd

Datos del catálogo de publicaciones de la Biblioteca del Congreso

Sunzi, 6th cent. B.C.
[Sunzi bing fa. Spanish]
El arte de la guerra / Sun Tzu; versión de Thomas Cleary.
p. cm.
ISBN 978-1-61180-022-7 (pbk. : alk. paper)
1. War—Early works to 1800. 2. Military art and science—
Early works to 1800. I. Cleary, Thomas F., 1949– II. Title.
U101.S9518 2012
355.02—dc23
2012006908

Sumario

∾

Prefacio

❧

*E*L *arte de la guerra,* recopilado hace más de dos mil años por un misterioso filósofo guerrero chino, tal vez sea, todavía hoy día, el libro de estrategia más prestigioso e influyente del mundo, y es estudiado en Asia por los políticos y ejecutivos actuales con el mismo ahínco con el que lo han estudiado los líderes y estrategas militares durante más de dos mil años.

En Japón, país en el que se ha pasado directamente a una cultura empresarial a partir de una cultura feudal prácticamente de la noche a la mañana, los estudiantes contemporáneos de *El arte de la guerra* han aplicado con la misma presteza la estrategia de este antiguo texto clásico a la política y al mundo empresarial. Por cierto, que algunas personas ven en los éxitos del Japón de posguerra un ejemplo de la máxima clásica de Sun Tzu: «Es mejor ganar sin luchar».

Como estudio de la anatomía de las organizaciones en conflicto, *El arte de la guerra* puede aplicarse a las rivalidades y conflictos en general, en todos los niveles de las relaciones, desde el nivel interpersonal hasta el internacional. Su objetivo es la invencibilidad, la victoria sin batalla, y la fortaleza inexpugnable mediante la comprensión de los aspectos físicos, políticos y psicológicos del conflicto.

Esta traducción de *El arte de la guerra* presenta el texto clásico desde la perspectiva de su inclusión en el contexto general de la gran tradición espiritual del taoísmo. Tal vez, lo más característico de *El arte de la guerra* —hasta el punto de seguir teniendo valor por sí mismo en nuestra época— es la manera en la que el poder se halla continuamente moderado por una profunda corriente subterránea de humanismo. *El arte de la guerra* no es, pues, solamente un libro que trata de la guerra, sino que también es un libro sobre la paz, y, sobre todo, es un instrumento para comprender las verdaderas raíces del conflicto y de su resolución.

THOMAS CLEARY

Nota del editor

⁓

ESTA edición de *El arte de la guerra* contiene el texto completo de Sun Tzu —en «letra negrita»— junto con comentarios escogidos.

Introducción

❧

SEGÚN cuenta una vieja historia, un noble de la antigua China preguntó una vez a su médico, que pertenecía a una familia de sanadores, cuál de ellos era el mejor en el arte de curar.

El médico, cuya reputación era tal que su nombre llegó a convertirse en sinónimo de «ciencia médica» en China, respondió: «Mi hermano mayor puede ver el espíritu de la enfermedad y eliminarlo antes de que cobre forma, de manera que su reputación no alcanza más allá de la puerta de la casa.

»El segundo de mis hermanos cura la enfermedad cuando todavía es muy leve, así que su nombre no es conocido más allá del vecindario.

»En cuanto a mí, perforo venas, receto pociones y hago masajes de piel, de manera que, de vez en cuando, mi nombre llega a oídos de los nobles».

Entre los relatos de la antigua China, ninguno capta con más belleza que este la esencia de *El arte de la guerra*, el primer texto clásico de la ciencia de

la estrategia en los conflictos. Las artes de la curación y las artes marciales quizá constituyan un
mundo aparte en cuanto a su utilización ordinaria, pero tienen paralelismos en varios sentidos: en
el de reconocer, como cuenta la vieja historia, que
cuanto menos se necesita algo o a alguien, tanto
mejor; en el sentido de que ambos grupos de artes
requieren la estrategia para tratar la ausencia de
armonía; y en el sentido de que para ambos el conocimiento del problema es la clave de la solución.

Como en la historia de los antiguos sanadores,
en la filosofía de Sun Tzu la eficiencia máxima del
conocimiento y de la estrategia es hacer que el conflicto sea totalmente innecesario. Y lo mismo que
en dicha historia, Sun Tzu explica todos los grados
de las artes marciales: la mejor técnica militar es
la que frustra los complots de los enemigos; a continuación, lo mejor es deshacer sus alianzas; después, atacar sus fuerzas armadas; y la peor es si-
tiar sus ciudades.

Esta estrategia ideal, mediante la que es posible
ganar sin luchar, y que consigue el máximo haciendo lo mínimo, lleva la impronta característica
del taoísmo, la antigua tradición del conocimiento
que alimentó tanto las artes de la curación como
las artes marciales chinas. Los antiguos maestros
taoístas mostraron cómo el hombre violento y
agresivo parece implacable, pero en realidad es
una persona emocional; a continuación hacen mo-

rir al hombre emocional con verdadera implacabilidad antes de revelar la naturaleza espontánea de la libertad humana.

La verdadera implacabilidad, la frialdad de la objetividad total, siempre le incluye a uno mismo con la acritud del juicio cortante sobre la situación real. Esta es la implacabilidad de Lao Tse cuando dice en el *Tao Te King* que el universo es inhumano y que el sabio considera a las personas como a los perros de paja utilizados para los sacrificios rituales. Chuang Tse, otro antiguo maestro taoísta, también da numerosos ejemplos muy vivos de implacabilidad hacia uno mismo, como ejercicio de perspectiva diseñado para alcanzar el cese de los conflictos internos y externos.

Esta «ausencia de humanidad» no es utilizada por los filósofos primitivos como una justificación de la agresión posesiva casi implacable, sino como una meditación sobre la carencia última de sentido de la codicia y de la posesividad que subyacen en toda agresión.

En la India, los aspirantes budistas acostumbraban a visitar las hogueras crematorias y a observar cómo se pudrían los cadáveres de las personas muertas cuyos familiares no habían podido pagar una cremación. Lo hacían para expulsar fuera de sí la codicia y la posesividad. Después de conseguirlo, dirigían sus mentes hacia pensamientos sobre individuos y sociedades ideales.

De la misma manera, el maestro Sun hace que sus lectores mediten en los estragos de la guerra, desde sus fases iniciales de maldad y alienación hasta sus formas extremas de ataques incendiarios y de asedios, contemplados todos ellos como una especie de canibalismo masivo de los recursos de la naturaleza y de la misma humanidad. Mediante este método proporciona al lector un sentimiento acrecentado del significado de las virtudes individuales y sociales abrazadas por los pacifistas humanistas.

Con mucha frecuencia se piensa que la paradoja es uno de los recursos de la psicología taoísta, utilizado para trascender las barreras imperceptibles de la conciencia. Es posible que la paradoja de *El arte de la guerra* resida en su oposición a la guerra. Y la manera en que *El arte de la guerra* lucha contra la guerra es mediante los propios principios de la guerra: infiltra las líneas enemigas, descubre los secretos del adversario y hace cambiar los corazones de las tropas contrarias.

Los comentarios de esta versión han sido seleccionados a partir de una recopilación clásica de once comentaristas que vivieron entre el siglo II y el siglo XII d. de C.

THOMAS CLEARY

EL ARTE
DE LA GUERRA

1
Criterios estratégicos

La acción militar es de importancia vital para un país; constituye la base de la vida y de la muerte, el camino de la supervivencia y de la aniquilación; por ello, es absolutamente indispensable examinarla.

L A base significa la localización, el lugar en que se produce la batalla: si tomas ventaja, vivirás; si la pierdes, morirás. Por esta razón, se llama a la acción militar la base de la vida y de la muerte. El camino significa la manera de adaptarse a la situación y de asentar la victoria: si lo encuentras, sobrevivirás; si lo pierdes, perecerás.

Por lo tanto, calcula sirviéndote de los cinco elementos, y utiliza estos criterios para comparar y establecer cuál es la situación. Los cinco elementos son: el camino, el clima, el terreno, el liderazgo y la disciplina.

Estos elementos han de valorarse en el cuartel general: en primer lugar, haz una valoración de ti mismo y de tu adversario teniendo en cuenta estos cinco elementos, para decidir quién está en situación de superioridad. Entonces podrás determinar quién tiene más probabilidades de ganar.

El Camino significa inducir al pueblo a que tenga el mismo objetivo que sus dirigentes para que puedan compartir la vida y la muerte sin temor al peligro.

El Camino significa humanidad y justicia. En la Antigüedad, un famoso ministro planteó una cuestión sobre asuntos militares a un filósofo de la política. El filósofo dijo: «La humanidad y la justicia son los medios para gobernar de manera apropiada. Cuando el gobierno se comporta correctamente, la gente se siente cercana y no le preocupa morir por él».

El clima significa las estaciones del año.

En tiempos pasados, muchos soldados perdían sus dedos por congelación en campañas contra los hunos, y otros muchos morían de peste en campañas contra las tribus del sur. Esto ocurría porque se llevaban a cabo dichas operaciones militares en invierno y en verano.

El terreno debe ser valorado en términos de distancia, facilidad o dificultad de desplazamiento, dimensiones y seguridad.

En cualquier operación militar, es importante conocer en primer lugar la configuración del terreno. Cuando se conoce la distancia que hay que recorrer, se puede planificar si es necesario tomar el camino directo o hacer una circunvalación. Cuando se conoce la facilidad o la dificultad del desplazamiento, se puede determinar si es más ventajoso llevar tropas de infantería o de caballería. Cuando se conoce la extensión de la zona, se puede estimar el número de tropas que se necesita: si se necesitan pocas o muchas. Cuando se conoce la seguridad relativa del terreno, se puede entonces escoger si es mejor luchar o dispersarse.

La autoridad es una cuestión de inteligencia, honradez, humanidad, valor y severidad.

La Vía de los antiguos reyes era considerar la humanidad como lo más importante, mientras que los expertos en artes marciales consideraban que la inteligencia era lo fundamental. Y esto porque la inteligencia implica la capacidad de planificar y de saber cuándo hay que hacer cambios de una manera eficaz. La honradez significa que al tropa tenga claridad respecto a las recompensas y a los castigos. Humanidad representa amor y compasión por las personas, teniendo conciencia de sus esfuerzos. El valor significa aprovechar sin vacilar las oportunidades para asegurar la victoria. La severidad es establecer la disciplina entre las tropas mediante castigos estrictos.

Disciplina quiere decir organización, cadena de mando y logística.

Organización quiere decir que las tropas deben estar agrupadas de una determinada manera. La cadena de mando significa que tiene que haber oficiales para mantener a las tropas unidas y estar al mando de ellas. Logística quiere decir vigilar los suministros.

Cualquier general ha oído hablar de estos cinco elementos. Los que los conocen ganan, y los que los ignoran pierden.

Así pues, utiliza estos criterios para comparar y establecer cuál es la situación. Es decir, ¿qué autoridad política

está en posesión del Camino? ¿Qué general tiene las cualidades adecuadas? ¿Quién tiene el mejor clima y el mejor terreno? ¿De quién es la disciplina más eficaz? ¿A quién pertenecen las tropas más numerosas y mejor equipadas? ¿Qué oficiales y soldados están mejor entrenados? ¿De quién es el sistema más claro de recompensas y castigos? Si sabes las respuestas, podrás saber quién será el vencedor.

Los documentos clásicos dicen: «El que me amenaza de buena forma es mi jefe, el que me amenaza de manera cruel es mi enemigo». La cuestión es cómo lo hace un gobierno humano y cómo lo hace un gobierno cruel.

Valora las ventajas de pedir consejo, y después estructura tus fuerzas en consecuencia, para añadir tácticas suplementarias. Las fuerzas han de ser estructuradas de manera estratégica, basándose en lo que es ventajoso.

Una operación militar implica engaño. Aunque seas competente, aparenta ser incompetente. Aunque seas efectivo, muéstrate ineficaz.

Esto significa que si eres realmente competente y eficaz debes mostrarte exteriormente como incompetente e ineficaz, para sorprender al enemigo que había previsto esta argucia.

El engaño tiene como objetivo obtener la victoria sobre el enemigo; estar al mando de un grupo requiere capacidad para suscitar confianza.

Cuando proyectes un ataque en los alrededores, aparenta que te dispones a ir lejos; cuando proyectes atacar un lugar distante, finge que vas a hacerlo muy cerca.

Desanímalos [a los enemigos] * con la perspectiva de tu victoria, sorpréndelos mediante la confusión.

Cuando los Estados de Wu y Yue estaban en guerra entre sí, Wu sacó de prisión a tres mil criminales para dar una impresión de desorden y tender así una trampa a Yue. Muchos criminales huyeron, otros se rindieron; el ejército de Yue luchó con ellos, para ser en definitiva vencido por el ejército de Wu.

---

* A lo largo de toda la obra, siempre que el autor habla de «ellos» se está refiriendo a los enemigos. En adelante ya no aparecerá esta palabra entre corchetes, para respetar la sobriedad del texto original. *(N. del T.)*

Cuando ellos están satisfechos, prepárate a luchar; cuando son poderosos, evítalos.

Si el gobierno enemigo está satisfecho, y esto quiere decir que existe un amor recíproco entre gobernantes y gobernados, existe confianza en el sistema de premios y castigos, y los soldados están bien entrenados, esto revela que tienes que estar alerta y preparado. No esperes a que haya una confrontación para hacer tus preparativos.

Utiliza la cólera para confundirlos.

Cuando su mando militar está descontrolado, tienes que irritarlo para que se encolerice, y así se volverá impetuoso y olvidará su propia estrategia.

Utiliza la humildad para que se muestren arrogantes. Cánsalos huyendo e introduce la división entre ellos. Atácalos cuando estén desprevenidos y haz tu movimiento cuando no se lo esperen.

Golpea sus puntos flacos, ataca cuando estén descuidados, no permitas al enemigo calcular los preparativos. Por esto se dice que, en las operaciones militares, la ausencia de forma es lo más eficaz. Uno de los mejores jefes militares decía: «El movimiento más eficaz es aquel que no se espera; el mejor de los planes es el que no se conoce».

La formación y los procedimientos utilizados en la estrategia militar no deben ser divulgados previamente.

No divulgar los planes significa que la información no trascienda. El arte de la guerra no tiene una forma constante, lo mismo que el agua no tiene contornos: adáptate al enfrentarte con el enemigo, sin dejarle saber de antemano lo que piensas hacer. Por lo tanto, hay que tener en mente la valoración del enemigo, y ante los ojos la observación de la situación.

El que planifica la victoria en el cuartel general, incluso antes de entablar la batalla, es el que tiene más factores estratégicos de su parte. El que prevé su incapacidad para ganar en el cuartel general antes de empezar la batalla es el que tiene menos factores estratégicos de su parte. El que tiene más factores estratégicos a su favor es el que gana; el que tiene menos factores estratégicos a su favor pierde —y mucho más quien no tiene ningún factor estratégico a su favor—. Considerando

el asunto de esta manera, puedo ver quién va a ganar y quién va a perder.

Cuando tu estrategia es profunda y amplia, es mucho lo que llevas ganado mediante tus cálculos, de manera que puedes ganar incluso antes de empezar a luchar. Cuando tu pensamiento estratégico es superficial y de corto alcance, es poco lo que puedes ganar mediante tus cálculos, así que pierdes antes de entablar la batalla. Por esto se dice que los guerreros victoriosos vencen primero y después van a la guerra, mientras que los guerreros vencidos van primero a la guerra y después intentan vencer.

2

En medio de la batalla

Cuando estés en medio de la batalla, incluso aunque estés ganando, continuar mucho tiempo en ella desanimará a tus tropas y embotará tu espada; si estás asediando una ciudadela, agotarás tus fuerzas. Si mantienes a tu ejército durante mucho tiempo en campaña, tus suministros serán insuficientes.

Las armas son instrumentos de mala suerte; emplearlas durante un largo periodo de tiempo producirá calamidades. Como se dice normalmente: «Los que disfrutan luchando y agotando sus fuerzas militares morirán inevitablemente».

Cuando tus tropas están desanimadas, tu espada embotada, agotadas tus fuerzas y tus suministros son escasos, los demás se aprovecharán de tu debi-

lidad para sublevarse. Entonces, aunque tengas consejeros sabios, al final no podrás hacer que las cosas salgan bien.

Por esta causa, he oído hablar de operaciones militares que han sido torpes y repentinas, pero nunca he visto a ningún experto en el arte de la guerra que mantuviese la campaña por mucho tiempo. Nunca es beneficioso para una nación dejar que una operación militar se prolongue por mucho tiempo.

Como se dice comúnmente, sé rápido como el trueno que retumba antes de que hayas podido taparte los oídos, veloz como el relámpago que relumbra antes de haber podido pestañear.

Por lo tanto, los que no son totalmente conscientes de las desventajas de servirse de las armas no pueden ser totalmente conscientes de las ventajas de utilizarlas.

Los que utilizan los medios militares con pericia no hacen leva de tropas dos veces, ni proporcionan alimentos en tres ocasiones.

Esto quiere decir que no se debe llamar al servicio militar más de una vez y que, inmediatamente después de alcanzar la victoria, no se debe regresar al propio país para evitar una segunda leva de tropas. Al principio esto significa proporcionar alimentos [para las propias tropas] *, pero después se quitan los alimentos al enemigo.

Si tomas los suministros de armas de tu propio país, pero quitas los alimentos al enemigo, puedes estar bien abastecido de armamento y de provisiones.

Cuando un país se empobrece a causa de las operaciones militares, se debe al transporte de provisiones desde un lugar distante. Si las transportas desde un lugar distante, el pueblo se empobrecerá.

Los que habitan cerca de donde está el ejército pueden vender sus cosechas a precios elevados, pero se acaba de este modo el bienestar de la mayoría de la población.

---

* Las palabras que van entre corchetes son aclaraciones imprescindibles, sin las cuales el texto original es casi imposible de entender, pero que se deducen del sentido general del texto. (*N. del T.*)

Cuando se transportan las provisiones muy lejos, la gente se arruina a causa del gasto. En los mercados cercanos al ejército, los precios de las mercancías se disparan. Por lo tanto, las largas campañas militares constituyen una plaga para el país.

Cuando se agotan los recursos, los impuestos se recaudan bajo presión. Cuando el poder y los recursos se han agotado, se arruina el propio país. Se priva al pueblo llano del 70 por 100 de su presupuesto, mientras que los gastos del gobierno para equipamiento se elevan al 60 por 100 del suyo.

Los habitantes constituyen la base de un país, los alimentos son la felicidad del pueblo. Los gobernantes deben respetar este hecho y ser sobrios.

En consecuencia, un general inteligente lucha por desproveer al enemigo de sus alimentos. Cada kilo de alimentos tomados al enemigo equivale a veinte kilos que te suministras a ti mismo.

Transportar un kilo de alimentos a una gran distancia equivale al gasto de comprar veinte kilos.

Así pues, lo que arrasa al enemigo es la cólera, y la motivación para saquearlo es la esperanza del botín.

Cuando recompensas a tus hombres con el botín obtenido del enemigo los harás luchar por propia iniciativa, y así podrás tomar los bienes del adversario. Por esto es por lo que se dice que donde hay grandes recompensas hay hombres valientes.

Por consiguiente, en una batalla de carros, recompensa primero al que tome al menos diez carros.

Si recompensas a todo el mundo, no habrá suficiente para todos, así pues, ofrece una recompensa a un soldado para animar a todos los demás.

Cambia sus colores [de los soldados enemigos hechos prisioneros], utilízalos mezclados con los tuyos. Trata bien a los soldados y préstales atención.

Los soldados prisioneros deben ser bien tratados, para conseguir que luchen para ti.

A esto se llama vencer al adversario e incrementar por añadidura tus propias fuerzas.

Si utilizas al enemigo para derrotar al enemigo, serás poderoso en cualquier lugar a donde vayas.

Así pues, lo importante en una operación militar es la victoria y no la persistencia.

La persistencia no es beneficiosa. Un ejército es como el fuego: si no lo apagas, se consumirá por sí mismo.

Por lo tanto, sabemos que el que está a la cabeza del ejército está a cargo de las vidas de los habitantes y de la seguridad de la nación.

3

La planificación
de un asedio

La regla general para la utilización de los medios militares consiste en que es mejor conservar un país [enemigo] intacto que destruirlo. Es mejor capturar intacto a su ejército que destruirlo, mejor mantener una división intacta que destruirla, mejor mantener un batallón intacto que destruirlo, mejor mantener una unidad intacta que destruirla *.

WEI LIAOZI decía: «Practica las artes marciales, calcula la fuerza de tus adversarios, haz que pierdan su ánimo y dirección, de manera que aunque el ejército enemigo esté intacto sea inservible: esto es ganar mediante el Tao. Si destruyes al ejército enemigo y matas a sus generales, asal-

---

* Las repeticiones del texto se han dejado en la mayoría de las ocasiones para mantener el ritmo del manuscrito original. *(N. del T.)*

tas sus defensas disparando, reúnes a una muchedumbre y usurpas un territorio, todo esto es ganar
por la fuerza».

**Por esto, los que ganan todas las batallas no son realmente profesionales; los
que consiguen que se rindan impotentes los ejércitos ajenos sin luchar son los
mejores [maestros del arte de la guerra].**

**Los guerreros superiores atacan
mientras los enemigos están proyectando los planes. A continuación, lo
mejor es deshacer las alianzas. Después de estas dos tácticas, la mejor es
atacar al ejército.**

Para atacar con éxito, desplegar las tropas sin
percances también constituye una buena ventaja
sobre el enemigo. Por eso, un gran emperador-guerrero decía: «El que lucha por la victoria frente a
espadas desnudas no es un buen general».

**La peor táctica es atacar a una ciudad. Asediar una ciudad solo se lleva a
cabo como último recurso.**

**Emplea tres meses en preparar tus
artefactos y otros tres para completar
la mecánica de tu asedio.**

Algunos dicen que lo que el maestro Sun señala en este punto es que no se debe atacar bajo la ira y con prisas. Por esto es por lo que aconseja tomarse tiempo.

Si el general no puede superar su cólera y tiene a su ejército asediando la ciudadela, después de haber hecho morir a un tercio de sus soldados, y a pesar de esto la ciudadela todavía resiste, se trata de un ataque desastroso.

Por lo tanto, un verdadero maestro de las artes marciales vence a otras fuerzas enemigas sin batalla, conquista otras ciudades sin asediarlas y destruye a otras naciones sin emplear mucho tiempo.

Un maestro experto en las artes marciales deshace los planes [enemigos], estropea las relaciones, corta los suministros o bloquea el camino, venciendo mediante estas tácticas sin necesidad de luchar.

Es imprescindible luchar contra todas las facciones enemigas para obtener una victoria completa, de manera que su ejército no quede acuartelado y el beneficio sea total. Esta es la ley

del asedio estratégico.

La victoria completa se produce cuando el ejército no lucha, la ciudad no es asediada, la destrucción no se prolonga durante mucho tiempo, y en cada caso el enemigo es vencido por el empleo de la estrategia.

Así pues, la ley de la utilización de la fuerza militar es la siguiente: si tus fuerzas son diez veces superiores a las del adversario, rodéalo; si son cinco veces superiores, atácalo; si son dos veces superiores, divídelo.

Si tus fuerzas son iguales en número, lucha si te es posible. Si tus fuerzas son inferiores, mantente apartado si puedes hacerlo. Si eres inferior en número, huye si puedes.

Este consejo se aplica en los casos en que todos los factores son equivalentes. Si tus fuerzas están en orden mientras que las suyas están inmersas en el caos, si tú y tus fuerzas estáis con ánimo y ellos están desmoralizados, entonces, aunque sean más numerosos, puedes entrar en batalla. Si tus soldados, tus fuerzas, tu estrategia y tu valor son menores que las de tu adversario, entonces debes retirarte y buscar una salida.

En consecuencia, si el bando más

pequeño es obstinado, cae prisionero del bando más grande.

Esto quiere decir que si un pequeño país no hace una valoración adecuada de su poder y se atreve a enemistarse con un gran país, por mucho que su defensa sea firme, inevitablemente se convertirá en una nación conquistada. Los *Anales Primaveras y Otoños* dicen: «Si no puedes ser fuerte, pero tampoco sabes ser débil, serás derrotado».

Los generales son servidores de la nación. Cuando su servicio es completo, el país es fuerte. Cuando su servicio es deficiente, el país es débil.

Si los generales no protegen al gobernante y abrigan duplicidad en sus corazones, el país se verá debilitado. Por esta razón, es imprescindible ser cuidadoso al elegir a las personas para puestos de responsabilidad.

Así pues, existen tres maneras en las que un gobierno civil lleva al ejército al desastre. Cuando un gobierno civil, ignorando los hechos, ordena avanzar a sus ejércitos o retirarse cuando no deben hacerlo; a esto se le llama inmovilizar al ejército. Cuando un gobierno civil ignora los asuntos

militares, pero comparte en pie de igualdad el mando del ejército, los soldados acaban confusos. Cuando los gobernantes civiles ignoran cómo llevar a cabo las maniobras militares, pero comparten por igual su dirección, los soldados están vacilantes. Una vez que los ejércitos están confusos y vacilantes, empiezan los problemas procedentes de los adversarios. A esto se le llama perder la victoria por trastornar el aspecto militar.

Si intentas utilizar los métodos de un gobierno civil para dirigir una operación militar, la operación será confusa.

Por tanto, existen cinco maneras de conocer al futuro vencedor. Ganan los que saben cuándo luchar y cuándo no. Los que saben discernir cuándo utilizar muchas o pocas tropas. Los que tienen tropas cuyos rangos superiores o inferiores tienen el mismo propósito. Los que se enfrentan con preparativos a enemigos desprevenidos. Los que tienen generales competentes y no están limitados por sus gobier-

nos. Estas cinco son las maneras de conocer el futuro vencedor.

Hablar de órdenes del gobierno respecto a todo esto es como ir a anunciar a tus superiores que quieres apagar un fuego: para cuando quieras volver, ya no quedan sino cenizas.

Por consiguiente, se dice que si conoces a los demás y te conoces a ti mismo, ni en cien batallas correrás peligro; si no conoces a los demás, pero te conoces a ti mismo, perderás una batalla y ganarás otra; si no conoces a los demás ni te conoces a ti mismo, correrás peligro en cada batalla.

4
El orden de batalla

**Antiguamente, los guerreros exper-
tos se hacían a sí mismos invencibles
en primer lugar, y después aguarda-
ban a descubrir la vulnerabilidad de
sus adversarios.**

Hacerte invencible significa conocerte a ti
mismo; aguardar a descubrir la vulnerabilidad del adversario significa conocer a los
demás.

**La invencibilidad está en uno mismo,
la vulnerabilidad en el adversario.**

**Por esto, los guerreros expertos
pueden ser invencibles, pero no pueden hacer que sus adversarios sean
vulnerables.**

Si los adversarios no tienen orden de batalla sobre el que informarse, ni negligencias o fallos de

los que aprovecharse, ¿cómo puedes vencerlos aunque estés bien pertrechado?

Por esto es por lo que se dice que la victoria puede ser percibida, pero no fabricada.

La invencibilidad es una cuestión de defensa; la vulnerabilidad, una cuestión de ataque.

Mientras no hayas observado vulnerabilidades en el orden de batalla de los adversarios, oculta tu propia formación de ataque, y prepárate para ser invencible, con la finalidad de preservarte. Cuando los adversarios tienen órdenes de batalla vulnerables, es el momento de salir a atacarlos.

La defensa es para tiempos de escasez, el ataque para tiempos de abundancia.

Los expertos en la defensa se esconden en las profundidades de la tierra; los expertos en maniobras de ataque se esconden en las más elevadas alturas del cielo. De esta manera pueden protegerse y lograr la victoria total.

En situaciones de defensa, acalláis las voces y borráis las huellas, escondidos como fantasmas y espíritus bajo tierra, invisibles para todo el mundo. En situaciones de ataque, vuestro movimiento es rápido y vuestro grito fulgurante, veloz como el trueno y el relámpago, para los que no se puede uno preparar, aunque vengan del cielo.

Prever la victoria cuando cualquiera la puede conocer no constituye verdadera destreza. Todo el mundo elogia la victoria ganada en batalla, pero esa victoria no es realmente tan buena.

Todo el mundo elogia la victoria en la batalla, pero lo verdaderamente deseable es poder ver el mundo de lo sutil y darte cuenta del mundo de lo oculto, hasta el punto de ser capaz de alcanzar la victoria donde no existe forma.

No se requiere mucha fuerza para levantar un cabello, no es necesario tener una vista aguda para ver el sol y la luna, ni se necesita tener mucho oído para escuchar el retumbar del trueno.

Lo que todo el mundo conoce no se llama sabiduría; la victoria sobre los demás obtenida por medio de la batalla no se considera una buena victoria.

**En la Antigüedad, los que eran co-
nocidos como buenos guerreros ven-
cían cuando era fácil vencer.**

Si solo eres capaz de asegurar la victoria tras
enfrentarte a un adversario en un conflicto armado,
esa victoria es una dura victoria. Si eres capaz de
ver lo sutil y de darte cuenta de lo oculto, irrum-
piendo antes del orden de batalla, la victoria así
obtenida es una victoria fácil.

**En consecuencia, las victorias de
los buenos guerreros no destacan por
su inteligencia o su bravura. Así pues,
las victorias que se ganan en batalla
no son debidas a la suerte. Sus victorias no son casualidades, sino que
son debidas a haberse situado previamente en posición de poder ganar con
seguridad, imponiéndose sobre los
que va han perdido de antemano.**

La gran sabiduría no es algo obvio, el mérito
grande no se anuncia. Cuando eres capaz de ver lo
sutil, es fácil ganar; ¿qué tiene esto que ver con la inteligencia o la bravura? Cuando se resuelven los problemas antes de que surjan, ¿quién llama a esto inteligencia? Cuando hay victoria sin batalla, ¿quién
habla de bravura?

Así pues, los buenos guerreros toman posición en un terreno en el que no pueden perder, y no pasan por alto las condiciones que hacen a su adversario proclive a la derrota.

En consecuencia, un ejército victorioso gana primero y entabla la batalla después; un ejército derrotado lucha primero e intenta obtener la victoria después.

Esta es la diferencia entre los que tienen estrategia y los que no tienen planes premeditados.

Los que utilizan bien las armas cultivan el Camino y observan las leyes. Así pueden gobernar prevaleciendo sobre los corruptos.

Servirse de la armonía para desvanecer la oposición, no atacar un país inocente, no hacer prisioneros o tomar botín por donde pasa el ejército, no cortar los árboles ni contaminar los pozos, limpiar y purificar los templos de las ciudades y montañas del país que atraviesas, no repetir los errores de una nación moribunda, a todo esto se llama el Camino y sus leyes. Cuando el ejército está estrictamente disciplinado, hasta el punto en que los soldados morirían antes que desobedecer las órdenes, y las recompensas y los castigos merecen confianza y están bien establecidos, cuando los jefes militares son capaces de actuar de esta forma, pueden vencer a un gobierno civil corrupto enemigo.

Las reglas militares son cinco: medición, valoración, cálculo, comparación y victoria. El terreno da lugar a las mediciones, estas dan lugar a las valoraciones, las valoraciones a los cálculos, estos a las comparaciones, y las comparaciones dan lugar a las victorias.

Mediante las comparaciones de las dimensiones puedes conocer dónde se hallan la victoria y la derrota.

En consecuencia, un ejército victorioso es como un kilo * comparado con un gramo; un ejército derrotado es como un gramo comparado con un kilo.

---

* Para modernizar el texto y evitar anglicismos, se han traducido los pesos y medidas como kilos y kilómetros, en lugar de libras y millas, o recurrir a quintales o leguas, o las medidas chinas «li», que Thomas Cleary no utiliza. No se ha traducido su equivalencia exacta, pues se trata de expresiones retóricas, en las que la exactitud es irrelevante. *(N. del T.)*

Cuando el que gana consigue que su pueblo vaya a la batalla como si estuviera dirigiendo una gran corriente de agua hacia un cañón profundo, esto es una cuestión de orden de batalla.

Cuando el agua se acumula en un cañón profundo, nadie puede medir su cantidad, lo mismo que nuestra defensa no muestra su forma. Cuando se suelta el agua, se precipita hacia abajo como un torrente, de manera tan irresistible como nuestro propio ataque.

5
La fuerza

L A fuerza significa los cambios en la energía acumulada o en el ímpetu. Los guerreros expertos son capaces de permitir a la fuerza del ímpetu obtener por ellos la victoria sin necesidad de ejercer su poder.

> **Gobernar sobre muchas personas como si fueran pocas es una cuestión de dividirlas en grupos. Batallar contra un gran número de tropas como si fueran unas pocas es una cuestión de despliegue y de señales.**

Despliegue y señales se refieren a las formaciones y banderas utilizadas para disponer a las tropas y coordinar los movimientos.

> **Hacer que los ejércitos sean capaces de combatir contra los adversarios sin ser derrotado es una cuestión**

de emplear métodos ortodoxos y métodos heterodoxos.

La ortodoxia y la heterodoxia no es algo fijo, sino que se utilizan como un ciclo. El emperador Taizong de la dinastía Tang, que fue un famoso guerrero y administrador, hablaba de manipular las percepciones de los adversarios sobre lo que es ortodoxo y heterodoxo, y después atacar inesperadamente, combinando ambos métodos hasta convertirlo en uno, volviéndose así inescrutable para el enemigo.

Que el impacto de las fuerzas sea como el de piedras arrojadas sobre huevos es una cuestión de lleno y vacío.

Cuando induces a los adversarios a venir contra ti, entonces su fuerza siempre está vacía; mientras que no vayas hacia ellos, tu fuerza siempre está llena. Atacar el vacío con el lleno es como arrojar piedras sobre huevos: es seguro que estos se rompen.

Cuando se entabla una batalla de manera directa, la victoria se gana por sorpresa.

Así pues [los recursos de], los expertos en métodos heterodoxos son infinitos como el cielo y la tierra, inagota-

bles como los grandes ríos. Cuando llegan a un final, empiezan de nuevo, como los días y los meses; mueren y renacen como las cuatro estaciones.

El sol y la luna viajan a través del cielo, descienden y ascienden. Las cuatro estaciones se suceden una a otra, floreciendo y después volviendo a desvanecerse. Esta es una metáfora para expresar el intercambio de movimientos extraordinarios y de la confrontación directa ordinaria, formando una unidad que empieza y acaba una y otra vez, sucediéndose hasta el infinito.

Existen cinco notas en la escala musical, pero sus variaciones son tantas que no pueden oírse. Solo existen cinco colores básicos, pero sus tonos son tan numerosos que no pueden verse. Solo hay cinco gustos básicos, pero sus variantes son tantas que no pueden ser saboreados. Solo hay dos clases de cargas en la batalla: el ataque extraordinario por sorpresa y el ataque directo ordinario, pero sus variantes son innumerables. Lo ortodoxo y lo heterodoxo se originan recíprocamente, como un círculo sin comienzo ni fin; ¿quién podría agotarlos?

Cuando la velocidad del agua que fluye alcanza el punto en el que puede mover cantos rodados, esta es la fuerza del ímpetu. Cuando la velocidad del halcón es tal que puede atacar y matar, esto es precisión. Lo mismo ocurre con los guerreros expertos: su fuerza es rapidez, su precisión es certera. Su fuerza es como disparar una catapulta, su precisión es como soltar el disparador.

Su fuerza es veloz en el sentido de que la fuerza del ímpetu de la batalla mata cuando es liberada —por esto se la compara a una catapulta.

El desorden llega del orden, la cobardía surge del valor, la debilidad brota de la fuerza.

Lo que esto quiere decir es que si quieres fingir desorden para conducir a tus adversarios al mismo, primero tienes que completar el orden, porque solo entonces puedes crear un desorden artificial. Si quieres fingir cobardía para espiar a los adversarios, primero tienes que ser extremadamente valiente, porque solo entonces puedes actuar como tímido de manera artificial. Si quieres fingir debilidad para inducir la arrogancia en tus enemigos, primero has de ser extremadamente fuerte, porque solo entonces puedes fingir ser débil.

El orden y el desorden son una cuestión de organización; la valentía y la cobardía son una cuestión de ímpetu; la fuerza y la debilidad son una cuestión de la formación de batalla.

Cuando un ejército tiene la tuerza del ímpetu, incluso el tímido se vuelve valiente; cuando pierde la fuerza del ímpetu, incluso el valiente se convierte en tímido. Nada está fijado en las leyes de la guerra: estas se desarrollan sobre la base del ímpetu.

Por lo tanto, los que hacen moverse con pericia a los adversarios establecen órdenes de batalla que saben con seguridad que los enemigos van a seguir, les dan lo que estos están seguros que van a tomar. Hacen moverse a los enemigos con la perspectiva del triunfo, esperando que caigan en la emboscada.

Los despliegues de tropas sobre los que con seguridad cae el enemigo son formaciones que dan la impresión de agotamiento. Los adversarios se mueven así con la esperanza de obtener ventaja.

**En consecuencia, los buenos guerre-
ros buscan la efectividad en la batalla
a partir de la fuerza del ímpetu y no
de la fuerza de cada soldado. Así pues,
son capaces de escoger a la gente y dejar que la fuerza del ímpetu haga su
trabajo.**

Cuando en la guerra tienes la fuerza del ímpetu,
incluso el tímido puede ser valeroso. Así es posible
escoger a los soldados por sus capacidades y darles
las responsabilidades adecuadas. El valiente puede
luchar, el cuidadoso puede hacer de centinela, y el
inteligente puede comunicar. Nadie es inútil.

**Hacer que los soldados luchen per-
mitiendo que la fuerza del ímpetu haga
su trabajo es como hacer rodar troncos
y rocas. Los troncos y las rocas permanecen inmóviles cuando están en un
lugar plano, pero ruedan en un plano
inclinado; se quedan fijos cuando son
cuadrados, pero giran si son redondos.
Por lo tanto, cuando se conduce a los
hombres a la batalla con pericia, el impulso es como rocas redondas que se
precipitan montaña abajo: esta es la
fuerza.**

6
Vacío y lleno

Los que llegan primero al campo de batalla y esperan al adversario están en posición descansada; los que llegan los últimos al campo de batalla y entablan la lucha quedan agotados.

En consecuencia, los buenos guerreros hacen que los demás vengan a ellos, y de ningún modo se dejan atraer fuera de su campo.

SI haces que los adversarios vengan a ti para combatir, su fuerza estará siempre vacía. Si no vas a combatir, tu fuerza estará siempre llena. Este es el arte de vaciar a los demás y de llenarte a ti mismo.

Lo que impulsa a los adversarios a venir hacia ti por propia decisión es la perspectiva de ganar. Lo que desanima a los adversarios de ir hacia ti es la probabilidad de sufrir daños.

Así, cuando los adversarios están en posición favorable, es posible cansarlos. Cuando están bien alimentados, es posible hacerlos morir de hambre. Cuando están descansando, es posible hacer que se pongan en movimiento.

Ataca inesperadamente, haciendo que los adversarios se agoten corriendo para salvar sus vidas. Quema sus provisiones, arrasa sus campos y corta sus vías de aprovisionamiento. Aparece en lugares críticos y ataca donde menos se lo esperen, haciendo que tengan que acudir al rescate.

Aparece donde no puedan ir, dirígete hacia donde menos se lo esperen. Para desplazarte cientos de kilómetros sin cansancio, atraviesa tierras despobladas.

Atacar un espacio abierto no significa solo un espacio en el que el enemigo no tiene defensa. Mientras su defensa no sea estricta —el lugar no está bien guardado—, los enemigos se desperdigarán ante ti como si estuvieras atravesando un territorio despoblado.

Para tomar infaliblemente lo que atacas, ataca donde no haya defen-

sa. Para mantener una defensa infaliblemente segura, defiende donde no haya ataque.

Así, en el caso de los que son expertos en el ataque, sus enemigos no saben por dónde atacar.

Cuando se cumplen las directivas, las personas son sinceramente leales, los preparativos para la defensa son asegurados con firmeza, pero eres tan sutil y reservado que no revelas ninguna forma, los adversarios se quedan inseguros y su inteligencia no les sirve para nada.

Sé extremadamente sutil, hasta el punto de no tener forma. Sé completamente misterioso, hasta el punto de ser silencioso. De este modo podrás dirigir el destino de tus adversarios.

Para avanzar sin encontrar resistencia, arremete por sus puntos flacos. Para retirarte de manera esquiva, sé más rápido que ellos.

Las situaciones militares se basan en la velocidad: llega como el viento, parte como el relámpago, y los adversarios no podrán vencerte.

Por lo tanto, cuando quieras entrar en batalla, incluso si el adversario está atrincherado en una posición defensiva, no podrá evitar luchar si atacas en el lugar en el que debe acudir irremediablemente al rescate.

Cuando no quieras entrar en batalla, incluso si trazas una línea en el terreno que quieres conservar, el adversario no puede combatir contigo porque le das una falsa pista.

Esto significa que cuando los adversarios llegan para atacarte, no luchas con ellos, sino que estableces un cambio estratégico para confundirlos y llenarlos de incertidumbre.

Por consiguiente, cuando induces a otros a efectuar una formación, mientras que tú mismo permaneces sin forma, estás concentrado, mientras que tu adversario está dividido.

Haz que los adversarios vean como extraordinario lo que es ordinario para ti; haz que vean como ordinario lo que es extraordinario para ti. Esto es inducir al enemigo a efectuar una formación. Una vez vista la formación del adversario, concentras tus tropas contra él. Como tu formación no está a la vista, el adversario dividirá seguramente a sus fuerzas.

Cuando estás concentrado formando una sola fuerza, mientras que el enemigo está dividido en diez, estás atacando en una concentración de diez a uno, así que tus fuerzas superan a las suyas.

Si puedes atacar a unos pocos soldados con muchos, diezmarás el número de tus adversarios.

Cuando estás perfectamente atrincherado, te has hecho fuerte tras buenas barricadas y no dejas filtrar ninguna información sobre tus fuerzas, sal fuera sin formación precisa, ataca y conquista de manera irreversible.

No ha de conocerse dónde piensas librar la batalla, porque cuando no se conoce, el enemigo destaca muchos puestos de vigilancia, y en el momento en el que se establecen numerosos puestos solo tienes que combatir contra pequeñas unidades.

Así pues, cuando su vanguardia está preparada, su retaguardia es defectuosa, y cuando su retaguardia está preparada, su vanguardia presenta puntos débiles.

Las preparaciones de su ala derecha significarán carencia en su ala izquierda. Las preparaciones por todas partes significará ser vulnerable por todas partes.

Esto significa que cuando las tropas están de guardia en muchos lugares, están forzosamente desperdigadas en pequeñas unidades.

Cuando se dispone de pocos soldados, se está a la defensiva contra el adversario; el que dispone de muchos, hace que el enemigo tenga que defenderse.

Cuantas más defensas induces a adoptar a tu enemigo, más debilitado quedará.

Así, si conoces el lugar y la fecha de la batalla, puedes acudir a ella aunque estés a mil kilómetros de distancia. Si no conoces el lugar y la fecha de la batalla, entonces tu flanco izquierdo no puede salvar al derecho, tu vanguardia no puede salvar a tu re-

taguardia, y tu retaguardia no puede salvar a tu vanguardia, ni siquiera en un territorio de unas pocas docenas de kilómetros.

Según mi criterio, incluso si tienes muchas más tropas que los demás, ¿cómo puede ayudarte este factor para obtener la victoria?

Si no conoces el lugar y la fecha de la batalla, aunque tus tropas sean más numerosas que las de ellos, ¿cómo puedes saber si vas a ganar o a perder?

Así pues, se dice que la victoria puede ser creada.

Si haces que los adversarios no sepan el lugar y la fecha de la batalla, siempre puedes vencer.

Incluso si los enemigos son numerosos, puede hacerse que no entren en combate.

Por tanto, haz tu valoración sobre ellos para averiguar sus planes, y determinar qué estrategia puede tener éxito y cuál no. Incítalos a la acción para descubrir cuál es el esquema general de sus movimientos y descansa.

Haz algo por o en contra de ellos para atraer su atención, de manera que puedas descubrir sus hábitos de comportamiento de ataque y de defensa.

Indúcelos a adoptar formaciones específicas para conocer sus puntos flacos *.

Esto significa utilizar muchos métodos para confundir y perturbar al enemigo con el objetivo de observar sus formas de respuesta hacia ti; después de haberlas observado, actúas en consecuencia, de manera que puedes saber qué clase de situaciones significan vida y cuáles significan muerte.

Pruébalos para averiguar sus puntos fuertes y sus puntos débiles.

Por lo tanto, el punto final de la formación de un ejército es llegar a la no forma. Cuando no tienes forma, el espionaje encubierto no puede descubrir nada, ya que la información no puede crear una estrategia.

Una vez que no tienes forma perceptible, no dejas huellas que puedan ser seguidas, los espías no

---

* Literalmente, «las causas de la vida y de la muerte». *(N. del T.)*

encuentran ninguna grieta por donde mirar y los que están a cargo de la planificación no pueden establecer ningún plan de operaciones.

La victoria sobre multitudes mediante formaciones precisas debe ser desconocida por las multitudes. Todo el mundo conoce la forma mediante la que resulto vencedor, pero nadie conoce la forma mediante la que aseguro la victoria.

En consecuencia, la victoria en la guerra no es repetitiva, sino que adapta su forma continuamente.

Determinar los cambios apropiados significa no repetir las estrategias previas para obtener la victoria. Para lograrla, puedo adaptarme desde el principio a cualquier formación que los adversarios puedan adoptar.

Las formaciones militares son como el agua: la naturaleza del agua es evitar lo alto e ir hacia abajo; la naturaleza de la fuerza militar es evitar lo lleno y atacar lo vacío; el flujo del agua está determinado por la tierra; la victoria de la fuerza militar viene determinada por el adversario.

Así pues, una fuerza militar no tiene formación constante, lo mismo que el agua no tiene forma constante: se llama genio a la capacidad de obtener la victoria cambiando y adaptándose según el enemigo.

7

La lucha armada

La regla ordinaria para el uso de la fuerza militar es que el mando del ejército reciba órdenes de las autoridades civiles y después reúne y concentra a las tropas, acuartelándolas juntas. Nada es más difícil que la lucha armada.

L UCHAR con otros cara a cara para conseguir ventajas es lo más arduo del mundo.

La dificultad de la lucha armada es hacer cercanas las distancias largas y convertir los problemas en ventajas.

Mientras que das la apariencia de estar muy lejos, empiezas tu camino y llegas antes que el enemigo.

Por lo tanto, haces que su ruta sea larga, atrayéndolo con la esperanza de

ganar. Cuando emprendes la marcha después que los otros y llegas antes que ellos, conoces la estrategia de hacer que las distancias sean cercanas.

Sírvete de una unidad especial para engañar al enemigo atrayéndolo a una falsa persecución, haciéndole creer que el grueso de tus fuerzas está muy lejos; entonces, lanzas una fuerza de ataque sorpresa que llega antes, aunque emprendió el camino después.

Por consiguiente, la lucha armada puede ser provechosa y puede ser peligrosa.

Para el experto es provechosa, para el inexperto peligrosa.

Movilizar a todo el ejército para el combate en aras de obtener alguna ventaja tomaría mucho tiempo, pero combatir por una ventaja con un ejército incompleto tendría como resultado una falta de medios.

Si te desplazas ligero y sin parar día y noche, recorriendo el doble de tu distancia habitual, y si luchas por ob-

tener alguna ventaja a miles de kilómetros, tus jefes militares serán hechos prisioneros. Los soldados que sean fuertes llegarán allí primero, los más cansados llegarán después —como regla general, solo lo conseguirá uno de cada diez.

Cuando la ruta es larga, las tropas se cansan; si han gastado su fuerza en el desplazamiento, llegan agotadas, mientras que sus adversarios están frescos; así pues, es seguro que serán atacadas.

Combatir por una ventaja a cincuenta kilómetros de distancia frustrará los planes del mando, y, como regla general, solo el 50 por 100 de los soldados lo harán.

Si se combate por obtener una ventaja a treinta kilómetros de distancia, solo dos de cada tres soldados los recorrerán.

Así pues, un ejército perece si no está equipado, si no tiene provisiones o si no tiene dinero.

Estas tres cosas son necesarias: no puedes combatir para ganar con un ejército no equipado.

Por tanto, si ignoras los planes de tus rivales, no puedes hacer alianzas precisas.

A menos que conozcas las montañas y los bosques, los desfiladeros y los pasos, y la disposición de los pantanos y de las marismas, no puedes maniobrar con una fuerza armada. A menos que utilices guías locales, no puedes aprovecharte de las ventajas del terreno.

Solo cuando conoces cada detalle de la disposición del terreno puedes maniobrar y guerrear.

Por consiguiente, una fuerza militar se establece mediante el engaño, se moviliza mediante la esperanza de recompensa, y se adapta mediante la división y la combinación.

Una fuerza militar se establece mediante el engaño en el sentido de que engañas al enemigo para que no pueda conocer cuál es tu situación real y no pueda imponer su supremacía. Se moviliza mediante la esperanza de recompensa, en el sentido de que entra en acción cuando ve la posibilidad de obtener una ventaja. Dividir y volver a hacer combinaciones de tropas se hace para confundir al adversario y observar cómo reacciona frente a ti; de esta manera puedes adaptarte para obtener la victoria.

Por eso, cuando una fuerza militar se mueve con rapidez es como el viento; cuando va lentamente es como el bosque; es voraz como el fuego e inmóvil como las montañas.

Es rápida como el viento en el sentido que llega sin avisar y desaparece como el relámpago. Es como un bosque porque tiene un orden. Es voraz como el fuego que devasta una planicie sin dejar tras sí ni una brizna de hierba. Es inmóvil como una montaña cuando se acuartela.

Es tan difícil de conocer como la oscuridad; su movimiento es como un trueno que retumba.

Para saquear un lugar, divide a tus tropas. Para expandir tu territorio, divide el botín.

La regla general de las operaciones militares es desproveer de alimentos al enemigo todo lo que se pueda. Sin embargo, en localidades donde la gente no tiene mucho, es necesario dividir a las tropas en grupos más pequeños para que puedan tomar en diversas partes lo que necesitan, ya que solo así tendrán suficiente.

En cuanto a dividir el botín, significa que es necesario repartirlo entre las tropas para guardar lo que ha sido ganado, no dejando que el enemigo lo recupere.

Actúa después de haber hecho una estimación. Gana el que conoce primero la medida de lo que está lejos y lo que está cerca: esta es la regla general de la lucha armada.

El primero que hace el movimiento es el «invitado», el último es el «anfitrión». El «invitado» lo tiene difícil, el «anfitrión» lo tiene fácil. Cerca y lejos significan desplazamiento: el cansancio, el hambre y el frío surgen del desplazamiento.

Un antiguo libro que trata de asuntos militares dice: «Las palabras no son escuchadas, por eso se hacen los címbalos y los tambores. Las banderas y los estandartes se hacen a causa de la ausencia de visibilidad». Címbalos, tambores, banderas y estandartes se utilizan para concentrar y unificar los oídos y los ojos de los soldados. Una vez que están unificados, el valiente

no puede actuar solo, ni el tímido puede retirarse solo: esta es la regla general del empleo de un grupo.

Unificar los oídos y los ojos de los soldados significa hacer que miren y escuchen al unísono de manera que no caigan en la confusión y el desorden. La señales se utilizan para indicar direcciones e impedir que los individuos vayan a donde se les antoje.

Así pues, en batallas nocturnas utiliza fuegos y tambores, y en batallas diurnas sírvete de banderas y estandartes, para manipular los oídos y los ojos de los soldados.

Utiliza muchas señales para confundir las percepciones del enemigo y hacerle temer tu temible poder militar.

De esta forma, tienes que hacer desaparecer la energía de sus ejércitos y desmoralizar a sus generales.

En primer lugar, has de ser capaz de mantenerte firme en tu propio corazón; solo entonces puedes desmoralizar a los generales enemigos. Por esto, la tradición afirma que los habitantes de otros tiempos tenían la firmeza para desmoralizar, y la antigua ley de los que conducían carros de combate decía que cuando la mente original es firme, la energía fresca es victoriosa.

De este modo, la energía de la mañana está llena de ardor, la del mediodía decae y la energía de la noche se retira; en consecuencia, los expertos en el manejo de las armas evitan la energía entusiasta, atacan la decaden-te y la que se bate en retirada. Son ellos los que dominan la energía.

Todos los débiles del mundo se disponen a combatir en un minuto si se sienten animados, pero cuando se trata realmente de tomar las armas y de entrar en batalla son poseídos por la energía; cuando esta energía se desvanece, se detendrán, estarán asustados y se arrepentirán de haber comenzado. La razón por la que esa clase de ejércitos miran por encima del hombro a enemigos fuertes, lo mismo que miran a las doncellas vírgenes, es porque se están aprovechando de su agresividad, estimulada por cualquier causa.

Utilizar el orden para enfrentarse al desorden, utilizar la calma para enfrentarse con los que se agitan, esto es dominar el corazón.

A menos que tu corazón esté totalmente abierto y tu mente en orden, no puedes esperar ser capaz de adaptarte a responder sin límites, a manejar los acontecimientos de manera infalible, a enfrentarte a dificultades graves e inesperadas sin turbarte, dirigiendo cada cosa sin confusión.

Dominar la fuerza es esperar a los que vienen de lejos, aguardar con toda comodidad a los que se han fatigado, y con el estómago saciado a los hambrientos.

Esto es lo que se quiere decir cuando se habla de atraer a otros hacia donde estás, al tiempo que evitas ser inducido a ir hacia donde están ellos.

Evitar la confrontación contra formaciones de combate bien ordenadas y no atacar grandes batallones constituye el dominio de la adaptación.

Por tanto, la regla general de las operaciones militares es no enfrentarse a una gran montaña ni oponerse al enemigo que se halla de espaldas a esta.

Esto significa que si los adversarios están en un terreno elevado, no debes atacarlos cuesta arriba, y que cuando efectúan una carga cuesta abajo, no debes hacerles frente.

No persigas a los enemigos cuando finjan una retirada, ni ataques tropas expertas.

Si los adversarios huyen de repente antes de agotar su energía, seguramente hay emboscadas esperándote para atacar a tus tropas; en este caso, debes retener a tus oficiales para que no se lancen en su persecución.

No consumas la comida de sus soldados.

Si el enemigo abandona de repente sus provisiones, estas han de ser probadas antes de ser comidas, por si están envenenadas.

No detengas a ningún ejército que esté en camino hacia su país.

Bajo estas circunstancias, un adversario luchará hasta la muerte.

Hay que dejar una salida a un ejército rodeado.

Muéstrales una manera de salvar la vida para que no estén dispuestos a luchar hasta la muerte, y así podrás aprovecharte para atacarlos.

No presiones a un enemigo desesperado.

Un animal agotado seguirá luchando, pues esa es la ley de la naturaleza.

Estas son las leyes de las operaciones militares.

8
Las variables

La norma general de las operaciones militares es que el mando militar recibe órdenes de la autoridad civil para formar un ejército.

No permitas instalar un campamento en un terreno difícil. No dejes que se establezcan relaciones diplomáticas en las fronteras. No permanezcas en un territorio árido ni aislado.

Cuando te halles en un terreno cerrado, discurre alguna estratagema. Cuando te halles en un terreno mortal, lucha.

HALLARSE en un terreno cerrado significa que existen lugares escarpados que te rodean por todas partes, de manera que el enemigo puede llegar e irse con libertad, pero a ti te es difícil salir y volver.

Existen rutas que no han de seguirse, ejércitos que no han de ser atacados, ciudadelas que no deben ser asediadas, terrenos sobre los que no se debe combatir, y órdenes de gobernantes civiles que no deben ser obedecidas.

En consecuencia, los generales que conocen todas las variables posibles para aprovecharse del terreno saben cómo manejar las fuerzas armadas. Si los generales no saben cómo adaptarse de un modo ventajoso, aunque conozcan la disposición del terreno, no pueden aprovecharse de él.

Si están al mando de ejércitos, pero ignoran las artes de la total adaptabilidad, aunque conozcan el objetivo a lograr, no pueden hacer que los soldados luchen por él.

Si eres capaz de cambiar conforme al ímpetu de las fuerzas, entonces la ventaja no cambia, y los únicos que son perjudicados son los enemigos. Por esta razón, no existe la estructura permanente. Si puedes comprender totalmente este principio, puedes hacer que los soldados actúen.

Por lo tanto, las consideraciones de la persona inteligente siempre incluyen el beneficio y el daño. Cuando considera el beneficio, su acción se expande; cuando considera el daño, sus problemas pueden resolverse.

El beneficio y el daño son interdependientes, y los sabios los tienen en cuenta.

Por ello, lo que retiene a los adversarios es el daño; lo que los mantiene ocupados es la acción, y lo que los motiva es el beneficio.

Cansa a los enemigos manteniéndolos ocupados y no dejándoles respiro. Pero, antes de lograrlo, tienes que realizar previamente tu propia labor. Esa labor consiste en desarrollar un fuerte ejército, una nación rica, una sociedad armoniosa y una manera ordenada de vivir.

Así pues, la norma general de las operaciones militares consiste en no contar con que el enemigo no acuda, sino confiar en tener los medios de enfrentarte a él; no contar con que el adversario no ataque, sino confiar en poseer lo que no puede ser atacado.

Si puedes recordar siempre el peligro cuando estás a salvo y el caos en tiempos de orden, permanece atento al peligro y al caos mientras no tengan todavía forma, y evítalos antes de que se presenten; esta es la mejor estrategia de todas.

Por esto, existen cinco rasgos que son peligrosos en los generales. Los que están dispuestos a morir pueden perder la vida; los que quieren preservar la vida pueden ser hechos prisioneros; los que son proclives a la ira pueden ser ridiculizados; los que son muy puritanos pueden ser deshonrados; los que son emocionales pueden ser turbados.

Si te presentas en un lugar que con toda seguridad los enemigos se precipitarán a defender, las personas compasivas se apresurarán invariablemente a rescatar a sus habitantes, causándose a sí mismas problemas y cansancio.

Estos son cinco rasgos que constituyen defectos en los generales y que son desastrosos para las operaciones militares.

Los buenos generales son de otra manera: no se comprometen hasta la muerte, pero no se aferran a la esperanza de sobrevivir; actúan de acuerdo con los acontecimientos, sin ser proclives a la cólera ni estar sujetos a quedar confundidos. Cuando ven la posibilidad, son como tigres; en caso contrario, cierran sus puertas. Su acción y su no acción son cuestiones de estrategia, y no pueden ser complacidos ni enfadados.

9
Maniobras militares

MANIOBRAS militares significan escoger la manera más ventajosa de avanzar.

Si estacionas al ejército para observar al enemigo, corta los pasos de montañas e instálate en los valles.

Presta atención a la luz y mantente en posiciones elevadas. Cuando combatas en una montaña, no ataques cuesta arriba. Esto es válido para un ejército que esté en las montañas.

Otra versión dice: «Combate cuesta abajo, nunca cuesta arriba».

Cuando el agua te corte el paso, aléjate. No te enfrentes a los enemigos en el agua; es conveniente dejar que pasen la mitad de las tropas y después atacarlas.

Si deseas combatir, no te enfrentes al enemigo cerca del agua. Presta atención a la luz, permanece en posiciones elevadas y no te sitúes río abajo. Esto es válido para un ejército que se halle cerca de un río.

Si estás acampado en la ribera de un río, tus ejércitos pueden ser empujados a ahogarse y se puede colocar veneno en su corriente. No situarlo río abajo significa no avanzar en contra de la corriente. También significa que tus barcas no deben ser amarradas corriente abajo, para impedir que el enemigo aproveche la corriente lanzando sus barcas contra ti.

Si atraviesas marismas, hazlo rápidamente y no te demores en ellas. Si te encuentras frente a un ejército en medio de unas marismas, permanece cerca de sus plantas acuáticas, respaldado por los árboles. Esto es válido para un ejército que atraviese unas marismas.

En una llanura, toma posiciones desde las que sea fácil maniobrar, manteniendo las elevaciones del terreno detrás y a tu derecha, estando las partes

más bajas delante y las más altas detrás. Esto es válido para un ejército situado en una llanura.

Fue aprovechándose de una situación similar como el Emperador Amarillo venció a cuatro señores soberanos.

Todas las artes marciales empezaron en la época del Emperador Amarillo [un gobernante taoísta de los últimos tiempos prehistóricos, que reinó aproximadamente hacia el año 2400 a. de C.]*; por eso se lo menciona aquí.

Generalmente, un ejército prefiere un terreno elevado y evita un terreno deprimido, aprecia la luz y detesta la oscuridad.

Los terrenos elevados son estimulantes, y, por lo tanto, la gente se halla a gusto en ellos, además son convenientes para adquirir la fuerza del ímpetu. Los terrenos deprimidos son húmedos, lo cual provoca enfermedades y dificulta el combate.

Cuida de la salud física y permanece donde haya innumerables recur-

---

* En este caso, el intercalado es de Cleary. *(N. del T.)*

sos. Cuando no existe la enfermedad en un ejército, se dice que este es invencible.

Donde haya montículos y terraplenes, sitúate en su lado soleado, manteniéndolos siempre a tu derecha y detrás. La ayuda del terreno constituye una ventaja para una fuerza militar.

La ventaja en una operación militar consiste en aprovecharse de las configuraciones del terreno.

Cuando llueve río arriba y la corriente trae consigo la espuma, si quieres cruzarlo, espera a que escampe.

Siempre que un terreno presente barrancos infranqueables, lugares cerrados, trampas, riesgos, grietas y prisiones naturales, debes abandonarlo rápidamente y no acercarte a él. En lo que a mí concierne, siempre me mantengo alejado de estos accidentes del terreno, de manera que los adversarios estén más cerca que yo de ellos; doy la cara a estos accidentes, de manera que queden a espaldas del enemigo.

Entonces estás en situación ventajosa, y él tiene condiciones desfavorables.

Cuando un ejército se está desplazando, si atraviesa territorios montañosos con muchas corrientes de agua y pozas, o depresiones cubiertas de juncos, o bosques vírgenes llenos de árboles y vegetación, es imprescindible escudriñarlos totalmente y con cuidado, ya que estos lugares son proclives a las emboscadas y a los espías.

Es imprescindible bajar del caballo y escudriñar el terreno, por si existen tropas escondidas para tender una emboscada. También podría ser que hubiera espías al acecho observándote y a la escucha de tus instrucciones.

Cuando el enemigo está cerca, pero permanece en calma, quiere decir que se halla en una posición fuerte. Cuando está lejos, pero intenta provocar hostilidades, quiere que avances. Si, además, su posición es accesible, eso quiere decir que le es favorable.

Esto significa que si un adversario no conserva la posición que le es favorable por las condiciones del terreno y se sitúa en otro lugar conveniente, debe ser porque existe alguna ventaja práctica para obrar de esta manera.

Si se mueven los árboles, es que el enemigo se está acercando. Si hay obstáculos entre los matorrales, es que has tomado un mal camino.

La idea de poner muchos obstáculos entre la maleza es hacerte pensar que existen tropas emboscadas escondidas en medio de ella.

Si los pájaros alzan el vuelo, hay tropas emboscadas en el lugar. Si los animales están asustados, existen tropas atacantes. Si se elevan columnas de polvo altas y espesas, hay carros que se están acercando; si son bajas y anchas, se acercan soldados a pie. Humaredas esparcidas significan que se está cortando leña. Pequeñas polvaredas que van y vienen indican que se está instalando un campamento.

Si los emisarios del enemigo pronuncian palabras humildes mientras que este incrementa sus preparativos de guerra, esto quiere decir que va a avanzar. Cuando se pronuncian pala-

bras altisonantes y se avanza ostento-samente, es señal de que el enemigo se va a retirar.

Si sus emisarios vienen con palabras humildes, envía espías para observar al enemigo y comprobarás que está aumentando sus preparativos de guerra.

Cuando los carros ligeros salen en primer lugar y se sitúan en los flan-cos, están estableciendo un frente de batalla.

Si los emisarios llegan pidiendo la paz sin firmar un tratado, significa que están tramando algún complot.

Si el enemigo dispone rápidamente a sus carros en filas de combate, es que está esperando refuerzos.

No se precipitarían para un encuentro ordina-rio: debe haber una fuerza que se halla a distancia y que es esperada en un determinado momento para unir sus tropas y atacarte. Conviene prepa-rarse inmediatamente para esta eventualidad.

Si la mitad de sus tropas avanza y la otra mitad retrocede, es que el ene-migo piensa atraerte a una trampa.

El enemigo está fingiendo en este caso confusión y desorden para incitarte a que avances.

Si los soldados enemigos se apoyan unos en otros, es que están hambrientos. Si los aguadores beben en primer lugar, es que las tropas están sedientas.

Si el enemigo ve una ventaja pero no la aprovecha, es que está cansado.

Si los pájaros se reúnen en el campo enemigo, es que el lugar está vacío.

Si hay pájaros sobrevolando una ciudadela, el ejército ha huido.

Si se producen llamadas nocturnas, es que los soldados enemigos están atemorizados.

Tienen miedo y están inquietos, y por eso se llaman unos a otros.

Si el ejército no tiene disciplina, esto quiere decir que el general no es tomado en serio.

Si los estandartes se mueven, es que está sumido en la confusión.

Las señales se utilizan para unificar el grupo; así pues, si se desplaza de acá para allá sin orden ni concierto, significa que sus filas están confusas.

Si sus emisarios muestran irritación, significa que están cansados.

Si matan sus caballos para obtener carne, es que los soldados carecen de alimentos; cuando no tienen marmitas y no vuelven a sus acuartelamientos, son enemigos completamente desesperados.

Si se producen murmuraciones, faltas de disciplina y los soldados hablan mucho entre sí, quiere decir que se ha perdido la lealtad de la tropa.

Las murmuraciones describen la expresión de los verdaderos sentimientos; las faltas de disciplina indican problemas con los superiores. Cuando el mando ha perdido la lealtad de las tropas, los soldados se hablan con franqueza entre sí sobre los problemas con sus superiores.

Si se otorgan numerosas recompensas, es que el enemigo se halla en un callejón sin salida; cuando se ordenan demasiados castigos, es que el enemigo está sobrepasado.

Cuando la fuerza de su ímpetu está agotada, otorgan constantes recompensas para tener contentos a los soldados, para evitar que se rebelen en masa. Cuando los soldados están tan agotados que no pueden cumplir las órdenes, son castigados una y otra vez para restablecer la autoridad.

Ser violento al principio y terminar después temiendo a los propios soldados es el colmo de la ineptitud.

Los emisarios que acuden con actitud conciliatoria indican que el enemigo quiere una tregua.

Si las tropas enemigas se enfrentan a ti con ardor, pero demoran el momento de entrar en combate sin abandonar no obstante el terreno, has de observarlos cuidadosamente.

Están preparando un ataque por sorpresa.

En asuntos militares no es necesariamente más beneficioso ser superior en fuerzas, sino solo evitar actuar con violencia innecesaria; es suficiente con consolidar tu poder, hacer estimaciones sobre el enemigo y conseguir reunir tropas; eso es todo.

El enemigo que actúa aisladamente, que carece de estrategia y que toma a la ligera a sus adversarios, inevitablemente acabará siendo capturado.

Si no tienes una estratagema posterior ni un plan previo, sino que confías exclusivamente en tu coraje individual, y tomas a la ligera a tus adversarios sin valorar la situación, con toda seguridad caerás prisionero.

Si se castiga a los soldados antes de haber conseguido que sean leales al mando, no obedecerán, y, si no obedecen, serán difíciles de emplear.

Tampoco podrán ser empleados si no se lleva a cabo ningún castigo, incluso después de haber obtenido su lealtad.

Cuando existe un sentimiento subterráneo de aprecio y confianza, y los corazones de los soldados están ya vinculados al mando, si se relaja la disciplina, los soldados se volverán arrogantes y será imposible emplearlos.

Por lo tanto, dirígelos mediante las artes culturales y unifícalos mediante las artes marciales; esto significa una victoria segura.

Arte cultural significa humanidad, y artes marciales significan reglamentos. Mándalos con humanidad y benevolencia, unifícalos de manera estricta y firme. Cuando la benevolencia y la firmeza son evidentes, es posible estar seguro de la victoria.

Cuando las órdenes se dan de manera consecuente para edificar a las tropas, estas las aceptan. Cuando las órdenes no son dadas de manera consecuente para edificar a las tropas, estas no las aceptan. Cuando las órdenes son justas, existe una satisfacción recíproca entre el líder y el grupo.

10
El terreno

Algunos terrenos son fácilmente transitables, otros son difíciles, algunos son neutros, otros son estrechos, accidentados o abiertos.

Cuando puede transitarse por ambos lados, se dice que el terreno es fácilmente accesible. Cuando el terreno sea fácilmente accesible, sé el primero en establecer tu posición, eligiendo las alturas soleadas; una posición que sea adecuada para los accesos de suministros; con todo ello tendrás ventaja cuando libres la batalla.

Cuando puedes entrar en un terreno pero te es difícil salir de él, se dice que estás imposibilitado. En este tipo de terreno, si tu enemigo no está preparado, puedes vencer si sigues adelante, pero si el enemigo está preparado y sigues adelante, tendrás muchas dificultades para volver de nuevo a él, lo cual jugará en contra tuya.

Cuando es un terreno desfavorable para ambos bandos, se dice que es un terreno neutro. En un terreno neutro, incluso si el adversario te ofrece una ventaja, no te aproveches de ella: retírate, induciendo a salir a la mitad de las tropas enemigas, y entonces cae sobre él aprovechándote de esta condición favorable.

En un terreno estrecho, si eres el primero en llegar, debes ocuparlo totalmente y esperar al adversario. Si él llega antes, no lo persigas si bloquea los desfiladeros. Persíguelo solo si no los bloquea.

En terreno accidentado, si eres el primero en llegar, debes ocupar sus puntos altos y soleados y esperar al adversario. Si este los ha ocupado antes, retírate y no lo persigas.

En un terreno abierto, la fuerza del impulso se encuentra igualada, y es difícil provocarlo a combatir de manera desventajosa para él.

Entender estas seis clases de terreno es la responsabilidad principal del general, y es imprescindible considerarlos.

Estas son las configuraciones del terreno; los generales que las ignoran salen derrotados.

Así pues, entre las tropas están las que huyen, la que se retraen, las que se derrumban, las que se rebelan y las que son derrotadas. Ninguna de estas circunstancias constituyen desastres naturales, sino que son debidas a los fallos de los generales.

Las tropas que tienen el mismo ímpetu, pero que atacan en proporción de uno contra diez, salen derrotadas. Los que tienen tropas fuertes pero cuyos oficiales son débiles, quedan retraídos.

Los que tienen soldados débiles al mando de oficiales fuertes, se verán en apuros. Cuando los oficiales superiores están encolerizados y son violentos, y se enfrentan al enemigo por su cuenta y por despecho, y cuando los generales ignoran sus capacidades, el ejército se desmoronará.

Como norma general, para poder vencer al enemigo, todo el mando militar debe tener una sola intención y todas las fuerzas militares deben cooperar.

Cuando los generales son débiles y carecen de autoridad, cuando las órdenes no son claras, cuando oficiales y soldados no tienen solidez y las formaciones son anárquicas, se produce la revuelta.

Los generales que son derrotados son aquellos que son incapaces de calibrar a los adversarios, entran en combate contra fuerzas superiores en número o mejor equipadas, y no seleccionan a sus tropas según los niveles de preparación de las mismas.

Si empleas soldados sin seleccionar a los preparados de los no preparados, a los arrojados y a los timoratos, te estás buscando tu propia derrota.

Estas son las seis formas de ser derrotado. La comprensión de estas situaciones es la responsabilidad suprema de los generales y deben ser consideradas.

La primera es no calibrar el número de fuerzas; la segunda, la ausencia de un sistema claro de recompensas y castigos; la tercera, la insuficiencia de entrenamiento; la cuarta es la pasión irracional; la quinta es la ineficacia de la ley y del orden; y la sexta es el fallo de no seleccionar a los soldados fuertes y resueltos.

La configuración del terreno puede ser un apoyo para el ejército; para los jefes militares, el curso de la acción adecuada es calibrar al adversario para asegurar la victoria y calcular los riesgos y las distancias. Salen vencedores los que libran batallas conociendo estos elementos; salen derrotados los que luchan ignorándolos.

Por lo tanto, cuando las leyes de la guerra señalan una victoria segura, es claramente apropiado entablar batalla, incluso si el gobierno ha dado órdenes de no atacar. Si las leyes de la guerra no indican una victoria segura, es adecuado no entrar en batalla, aunque el gobierno haya dado la orden de atacar. De este modo, se avanza sin pretender la gloria, se ordena la retirada sin evitar la responsabilidad,

con el único propósito de proteger a la población y en beneficio también del gobierno; así se rinde un servicio valioso a la nación.

Avanzar y retirarse en contra de las órdenes del gobierno no se hace por interés personal, sino para salvaguardar las vidas de la población y en auténtico beneficio del gobierno. Servidores de esta talla son muy útiles para una nación.

Mira por tus soldados como miras por un recién nacido; así estarán dispuestos a seguirte hasta los valles más profundos; cuida de tus soldados como cuidas de tus bienamados hijos, y morirán gustosamente contigo.

Pero si eres tan amable con ellos que no los puedes utilizar, si eres tan indulgente que no les puedes dar órdenes, tan informal que no puedes disciplinarlos, tus soldados serán como niños mimados y, por lo tanto, inservibles.

Las recompensas no deben utilizarse solas, ni debe confiarse solamente en los castigos. En caso contrario, las tropas, como niños mimosos, se acostumbran a disfrutar o a quedar resentidas por todo. Esto es dañino y las vuelve inservibles.

Si sabes que tus soldados son capaces de atacar, pero ignoras si el enemigo es invulnerable a un ataque, tienes solo la mitad de posibilidades de ganar. Si sabes que tu enemigo es vulnerable a un ataque, pero ignoras si tus soldados son capaces de atacar, solo tienes la mitad de posibilidades de ganar. Si sabes que el enemigo es vulnerable a un ataque, y tus soldados pueden llevarlo a cabo, pero ignoras si la disposición del terreno es favorable para la batalla, tienes la mitad de probabilidades de vencer.

Por lo tanto, los que conocen las artes marciales no pierden el tiempo cuando efectúan sus movimientos, ni se agotan cuando atacan. Debido a esto, se dice que cuando te conoces a ti mismo y conoces a los demás, la victoria no corre peligro; cuando conoces el cielo y la tierra, la victoria es absoluta.

11
Las nueve clases de terreno

**Conforme a las leyes de las opera-
ciones militares, existen nueve clases
de terreno. Si intereses locales luchan
entre sí en su propio terreno, a este se
le llama terreno de dispersión.**

C UANDO los soldados están apegados a su país y
combaten cerca de su hogar, pueden ser dis-
persados con facilidad.

**Cuando penetras en un territorio
ajeno, pero no lo haces en profundidad, a este se le llama terreno ligero *.**

Esto significa que los soldados pueden regresar
fácilmente.

---

* En una traducción libre, podría también sustituirse el
término «ligero», por «fronterizo», como en la versión de Fer-
nando Montes y Marisa Amilibia de 1974. *(N. del T.)*

El territorio que puede resultarte ventajoso si lo tomas, y ventajoso al enemigo si es él quien lo conquista, se llama terreno de disputa.

Un terreno de lucha inevitable es cualquier enclave defensivo o paso estratégico.

Un territorio igualmente accesible para ti y para los demás se llama terreno de comunicación.

El territorio que está rodeado por tres territorios rivales y el primero que lo toma tiene libre acceso a todo el mundo se llama terreno de intersección.

El terreno de intersección es aquel en el que convergen las principales vías de comunicación uniéndolas entre sí: sé el primero en ocuparlo, y la gente tendrá que ponerse de tu lado. Si lo obtienes, te encuentras seguro; si lo pierdes, corres peligro.

Cuando penetras en profundidad en un territorio ajeno, y dejas detrás muchas ciudades y pueblos, a este terreno se le llama difícil.

Es un terreno del que es difícil regresar.

Cuando atraviesas montañas boscosas, desfiladeros abruptos, marismas u otros accidentes difíciles de atravesar, a esto se le llama terreno desfavorable.

Cuando el acceso es estrecho y la salida es tortuosa, de manera que una pequeña unidad enemiga puede atacarte, aunque tus tropas sean más numerosas, a este se le llama terreno cercado.

Si eres capaz de una gran adaptación, puedes atravesar este territorio.

Si solo puedes sobrevivir en un territorio luchando con rapidez, y si es fácil morir si no lo haces, a este se le llama terreno mortal.

Las tropas que se encuentran en un terreno mortal están en la misma situación que si se encontraran en una barca que se hunde o en una casa ardiendo.

Así pues, no combatas en un terreno de dispersión, no te detengas en un

terreno ligero, no ataques en un terreno clave [ocupado por el enemigo], no dejes que tus tropas sean divididas en un terreno de comunicación. En terrenos de intersección, establece comunicaciones; en terrenos difíciles, entra a saco; en terrenos desfavorables, continúa marchando; en terrenos cercados, haz planes; en terrenos mortales, lucha.

En un terreno de dispersión, los soldados pueden huir. Un terreno ligero es cuando los soldados han penetrado en territorio enemigo, pero todavía no tienen las espaldas cubiertas: por eso, sus mentes no están realmente concentradas y no están listos para la batalla. No es ventajoso atacar al enemigo en un terreno clave; lo que es ventajoso es llegar el primero a él. No debe permitirse que quede cortado el terreno de comunicación, para poder servirse de las rutas de suministros. En terrenos de intersección, estarás a salvo si estableces alianzas; si las pierdes, te encontrarás en peligro. En terrenos difíciles, entrar a saco significa reunir provisiones. En terrenos desfavorables, ya que no puedes atrincherarte en ellos, debes apresurarte a salir. En terrenos cercados introduce tácticas sorpresivas. Si las tropas caen en un terreno mortal, todo el mundo luchará de manera espontánea. Por esto se dice: «Sitúa a las tropas en un terreno mortal y sobrevivirán».

Los que antiguamente eran considerados como expertos en el arte de la guerra eran capaces de hacer que el enemigo perdiera contacto entre su vanguardia y su retaguardia, la confianza entre las grandes y las pequeñas unidades, el interés recíproco por el bienestar de los diferentes rangos, el apoyo mutuo entre gobernantes y gobernados, el alistamiento de soldados y la coherencia de sus ejércitos. Estos expertos entraban en acción cuando les era ventajoso, y se retenían en caso contrario.

Introducían cambios para confundir al enemigo, atacándolos aquí y allá, aterrorizándolos y sembrando en ellos la confusión, de tal manera que no les daban tiempo para hacer planes.

Se podría preguntar cómo enfrentarse a fuerzas enemigas numerosas y bien organizadas que se dirigen hacia ti. La respuesta es quitarles en primer lugar algo que aprecien, y después te escucharán.

La rapidez de acción es el factor esencial de la condición de la fuerza militar, aprovechándose de los fallos de los adversarios, desplazándose por caminos que no esperan y atacando cuando no están en guardia.

Esto significa que para aprovecharse de la falta de preparación, de visión y de cautela de los adversarios, es necesario actuar con rapidez, y que, si dudas, esos fallos no te servirán de nada.

En una invasión, por regla general, cuanto más se adentran los invasores en el territorio ajeno, más fuertes se hacen, hasta el punto de que el gobierno nativo no puede ya expulsarlos.

Escoge campos fértiles y las tropas tendrán suficiente para comer. Cuida de su salud y evita el cansancio, consolida su energía, aumenta su fuerza. Que los movimientos de tus tropas y la preparación de tus planes sean insondables.

Consolida la energía más entusiasta de tus tropas, ahorra las fuerzas sobrantes, mantén en secreto tus formaciones y tus planes, permaneciendo insondable para los enemigos, y espera a que se produzca un punto vulnerable para avanzar.

Sitúa a tus tropas en un punto que no tenga salida, de manera que tengan que morir antes de poder escapar. Porque, ¿ante la posibilidad de la muerte, qué no estarán dispuestas a hacer? Los guerreros dan entonces lo mejor de sus fuerzas. Cuando se hallan ante un grave peligro, pierden el miedo. Cuando no hay ningún sitio a donde ir, permanecen firmes; cuando están totalmente adaptados a un terreno, se aferran a él. Si no tienen otra opción, lucharán [hasta el final].

Por esta razón, los soldados están vigilantes sin tener que ser estimulados, se alistan sin tener que ser llamados a filas, son amistosos sin necesidad de promesas, y se puede confiar en ellos sin necesidad de órdenes.

Esto significa que cuando los combatientes se encuentran en peligro de muerte, sea cual sea su rango, todos tienen el mismo objetivo, y, por lo tanto, están alerta sin necesidad de ser estimulados, tienen buena voluntad de manera espontánea y sin necesidad de recibir órdenes, y puede confiarse de manera natural en ellos sin promesas ni necesidad de jerarquía.

Prohíbe los augurios para evitar las dudas, y los soldados nunca te abandonarán. Si tus soldados no tienen riquezas, no es porque las desdeñen. Si no tienen más longevidad, no es porque no quieran vivir más tiempo. El día en que se da la orden de marcha, los soldados lloran.

Así pues, una operación militar preparada con pericia debe ser como una serpiente veloz que contraataca con su cola cuando alguien le ataca por la cabeza, contraataca con la cabeza cuando alguien le ataca por la cola, y contraataca con cabeza y cola cuando alguien le ataca por sus anillos.

Esta imagen representa el método de una línea de batalla que responde velozmente cuando es atacada. Un manual de ocho formaciones clásicas de batalla dice: «Haz del frente la retaguardia, haz de la retaguardia el frente, con cuatro cabezas y ocho colas. Haz que la cabeza esté en todas partes, y cuando el enemigo arremeta por el centro, cabeza y cola acudirán al rescate».

Puede preguntarse la cuestión de si es posible hacer que una fuerza militar sea como una serpiente rápida. La respuesta es afirmativa. Incluso las personas que se tienen antipatía, encontrándose en la misma barca, se ayudarán entre sí en caso de apuro.

Es la fuerza de la situación la que hace que esto suceda.

Por esto, no basta con depositar la confianza en caballos atados y ruedas fijadas *.

Se atan los caballos para formar una línea de combate estable, y se fijan las ruedas para hacer que los carros no se puedan mover. Pero aun así, esto no es suficientemente seguro ni se puede confiar en ello. Es necesario permitir que haya variantes a los cambios que se hacen, poniendo a los soldados en situaciones mortales, de manera que combatan de forma espontánea y se ayuden unos a otros codo con codo: este es el camino de la seguridad y de la obtención de una victoria cierta.

---

* Literalmente, «enterradas». *(N. del T.)*

El Tao de la organización es hacer que se exprese el valor y mantenerlo uniforme. Tener éxito tanto con tropas débiles como con tropas aguerridas se basa en la configuración del terreno.

Si obtienes la ventaja del terreno, puedes vencer a los adversarios, incluso con tropas ligeras y débiles; ¿cuánto más te sería posible si tienes tropas poderosas y aguerridas? Lo que hace posible la victoria a ambas clases de tropas es la configuración del terreno.

Por la tanto, los expertos en operaciones militares logran la cooperación de la tropa, de tal manera que dirigir un grupo es como dirigir a un solo individuo que no tiene más que una sola opción.

Corresponde al general ser tranquilo, reservado, justo y metódico.

Sus planes son tranquilos y absolutamente secretos para que nadie pueda descubrirlos. Su mando es justo y metódico, así que nadie se atreve a tomarlo a la ligera.

Puede mantener a sus soldados sin información y en completa ignorancia de sus planes.

Cambia sus acciones y revisa sus planes, de manera que nadie pueda reconocerlos. Cambia de lugar su emplazamiento y se desplaza por caminos sinuosos, de manera que nadie pueda anticiparse.

Puedes ganar cuando nadie puede entender en ningún momento cuáles son tus intenciones. Dice el Gran Hombre de la Montaña Blanca: «El principal engaño que se valora en las operaciones militares no se dirige solo a los enemigos, sino que empieza por las propias tropas, para hacer que le sigan a uno sin saber adónde van».

Cuando un general fija una meta a sus tropas, es como el que sube a un lugar elevado y después retira la escalera. Cuando un general se adentra muy en el interior del territorio enemigo, está poniendo a prueba todo su potencial. Ha hecho quemar las naves a sus tropas y destruir sus marmitas; así las conduce como un rebaño y todos ignoran hacia dónde se encaminan.

Incumbe a los generales reunir a los ejércitos y ponerlos en situaciones peligrosas. También han de examinar las adaptaciones a los diferentes terrenos, las ventajas de concentrarse o dispersarse, y las pautas de los sentimientos y situaciones humanas.

Cuando se habla de ventajas y de desventajas de la concentración y de la dispersión, quiere decir que las pautas de los comportamientos humanos cambian según los diferentes tipos de terreno.

En general, la pauta general de los invasores es unirse cuando están en el corazón del territorio enemigo, pero tienden a dispersarse cuando están en las franjas fronterizas. Cuando dejas tu país y atraviesas la frontera en una operación militar, te hallas en un terreno aislado. Cuando es accesible desde todos los puntos, es un terreno de comunicación. Cuando te adentras en profundidad, estás en un terreno difícil. Cuando penetras poco, estás en un terreno ligero. Cuando a tus espaldas se hallen espesuras infranqueables y delante pasajes estrechos, estás en un terreno cercado. Cuando

no haya ningún sitio a donde ir, se trata de un terreno mortal.

Así pues, en un terreno de dispersión, yo unificaría las mentes de los soldados. En un terreno ligero, las mantendría en contacto. En un terreno clave, les haría apresurarse para tomarlo. En un terreno de intersección, prestaría atención a la defensa. En un terreno de comunicación, establecería sólidas alianzas. En un terreno difícil, Aseguraría suministros continuados. En un terreno desfavorable, urgiría a mis tropas a salir rápidamente de él. En un terreno cercado, cerraría las entradas. En un terreno mortal, indicaría a mis tropas que no existe ninguna posibilidad de sobrevivir.

Por esto, la psicología de los soldados consiste en resistir cuando se ven rodeados, luchar cuando no se puede evitar y obedecer en casos extremos.

Hasta que los soldados no se ven rodeados, no tienen la determinación de resistir al enemigo hasta alcanzar la victoria. Cuando están desesperados, presentan una defensa unificada.

Por ello, los que ignoran los planes enemigos no pueden preparar alianzas. Los que ignoran la configuración del terreno no pueden hacer maniobrar a sus fuerzas. Los que no utilizan guías locales no pueden aprovecharse del terreno. Los militares de un gobierno eficaz deben conocer todos estos factores.

Cuando el ejército de un gobierno eficaz ataca a un gran país, el pueblo no se puede unir. Cuando su poder sobrepasa a los adversarios, es imposible hacer alianzas.

Si puedes averiguar los planes de tus adversarios, aprovéchate del terreno y haz maniobrar al enemigo de manera que se encuentre indefenso; en este caso, ni siquiera un gran país puede reunir suficientes tropas para detenerte.

Por lo tanto, si no luchas por obtener alianzas, ni aumentas el poder de ningún país, pero extiendes tu influencia personal amenazando a los adversarios, todo ello hace que el país y las ciudades enemigas sean vulnerables.

Otorga recompensas que no estén reguladas y da órdenes desacostumbradas.

Considera la ventaja de otorgar recompensas que no tengan precedentes; observa cómo el enemigo hace promesas sin tener en cuenta los códigos establecidos.

Maneja las tropas como si fueran una sola persona. Empléalas en tareas reales, pero no les hables. Motívalas con recompensas, pero no les comentes los perjuicios [posibles].

Emplea a tus soldados solo en combatir, sin comunicarles tu estrategia. Déjales conocer los beneficios que les esperan, pero no les hables de los daños potenciales. Si la verdad se filtra, tu estrategia puede hundirse. Si los soldados empiezan a preocuparse, se volverán vacilantes y temerosos.

Colócalos en una situación de posible exterminio, y entonces lucharán para vivir. Ponlos en peligro de muerte, y entonces sobrevivirán. Cuando las tropas afrontan peligros, son capaces de luchar para obtener la victoria.

Así pues, la tarea de una operación militar es fingir acomodarse a las intenciones del enemigo. Si te concentras totalmente en este, puedes matar a su general aunque estés a mil kilómetros de distancia. A esto se llama cumplir el objetivo con pericia.

Al principio te acomodas a sus intenciones, después matas a sus generales: esta es la pericia en el cumplimiento del objetivo.

Así, el día en que se declara la guerra, se cierran las fronteras, se rompen los salvoconductos y se impide el paso de emisarios.

Los asuntos se deciden rigurosamente en el cuartel general.

El rigor en los cuarteles generales en la fase de planificación se refiere al mantenimiento del secreto.

Cuando el enemigo ofrece oportunidades, aprovéchalas inmediatamente. Entérate primero de lo que pretende, y después anticípate a él. Mantén la disciplina y adáptate al enemigo, para

determinar el resultado de la guerra. Así, al principio eres como una doncella y el enemigo abre sus puertas; entonces, tú eres como una liebre suelta, y el enemigo no podrá expulsarte.

12
El ataque mediante
el fuego

Existen cinco clases de ataques mediante el fuego: quemar a las personas, quemar los suministros, quemar el equipo, quemar los almacenes y quemar las armas.

El uso del fuego tiene que tener una base, y exige ciertos medios. Existen momentos adecuados para encender fuegos, concretamente cuando el tiempo es seco y ventoso.

Normalmente, en ataques mediante el fuego es imprescindible seguir los cambios producidos por este. Cuando el fuego está dentro del campamento enemigo, prepárate rápidamente desde fuera. Si los soldados se mantienen en calma cuando el fuego se ha declarado, espera y no ataques. Cuando el fuego alcance su punto álgido, síguelo, si puedes; si no, espera.

E<small>N</small> general, el fuego se utiliza para sembrar la confusión en el enemigo y así poder atacarlo.

Cuando el fuego puede ser prendido en campo abierto, no esperes a hacerlo en el interior del campamento; hazlo cuando sea oportuno.

Cuando el fuego sea atizado por el viento, no ataques en dirección contraria a este.

No es eficaz luchar contra el ímpetu del fuego, porque el enemigo luchará en este caso hasta la muerte.

Si ha soplado el viento durante el día, a la noche amainará.

Un viento diurno cesará al anochecer; un viento nocturno cesará al amanecer.

Los ejércitos han de saber que existen variantes de las cinco clases de ataques mediante el fuego, y adaptarse a estas de manera científica.

No basta saber cómo atacar a los demás con el fuego, es necesario saber cómo impedir que los demás te ataquen a ti.

Así pues, la utilización del fuego para apoyar un ataque significa claridad, y la utilización del agua para apoyar un ataque significa fuerza. El agua puede incomunicar, pero no puede arrasar.

El agua puede utilizarse para dividir a un ejército enemigo, de manera que su fuerza se desuna y la tuya se fortalezca.

Ganar combatiendo o llevar a cabo un asedio victorioso sin recompensar a los que han hecho méritos trae mala fortuna y se hace merecedor de ser llamado avaro. Por eso se dice que un gobierno esclarecido lo tiene en cuenta y que un buen mando militar recompensa el mérito. No movilizan sus tropas cuando no hay ventajas que obtener, ni actúan cuando no haya nada que ganar, ni luchan cuando no existe peligro.

Las armas son instrumentos de mal augurio, y la guerra es un asunto peligroso. Es indispensable impedir una derrota desastrosa, y, por lo tanto, no vale la pena movilizar un ejército por razones insignificantes: las armas solo deben utilizarse cuando no existe otro remedio.

Un gobierno no debe movilizar un ejército por ira, y los jefes militares no deben provocar la guerra por cólera. Actúa cuando sea beneficioso; en caso contrario, desiste. La ira puede convertirse en alegría, y la cólera puede convertirse en placer, pero una nación destruida no se puede hacer renacer, y la muerte no puede convertirse en vida.

En consecuencia, un gobierno esclarecido presta atención a todo esto, y un buen mando militar lo tiene en cuenta. Esta es la manera de mantener a la nación a salvo y de conservar intacto a su ejército.

13

Sobre la utilización
de los espías

Una gran operación militar significa un gran esfuerzo para la nación, y la guerra puede durar muchos años para obtener una victoria de un día. Así pues, dejar de conocer la situación de los adversarios por resistencia a aprobar gastos para asuntos de espionaje es extremadamente inhumano, y no es típico de un buen jefe militar, de un consejero de gobierno, ni de un gobernante victorioso. Por lo tanto, lo que posibilita a un gobierno inteligente y a un mando militar sabio vencer a los demás y lograr triunfos extraordinarios es la información previa.

La información previa no puede obtenerse de fantasmas ni espíritus, ni se puede tener por analogía, ni descubrir mediante cálculos. Debe obtenerse de personas; personas que conozcan la situación del enemigo.

Existen cinco clases de espías: el espía nativo, el espía interno, el doble agente, el espía liquidable * y el espía flotante **. Cuando están activos todos ellos, nadie conoce sus rutas: a esto se le llama genio organizativo, y se aplica al gobernante.

Los espías nativos se contratan entre los habitantes de una localidad. Los espías internos se contratan entre los funcionarios enemigos. Los agentes dobles se contratan entre los espías enemigos. Los espías liquidables transmiten falsos datos a los espías enemigos. Los espías flotantes vuelven parar traer sus informes.

Entre los funcionarios del régimen enemigo se hallan aquellos con los que se puede establecer contacto y a los que se puede sobornar para averi-

---

* En una traducción literal: «espía muerto», en el sentido de que pueda ser descubierto en cualquier momento y debe prescindirse de él. *(N. del T.)*

** En una traducción literal: «espía vivo», en el sentido de espía que se desplaza de un país a otro, que se mueve. *(N. del T.)*

guar la situación de su país y descubrir cualquier plan que se trame contra ti; también pueden ser utilizados para crear desavenencias y desarmonía.

En consecuencia, nadie en las fuerzas armadas es tratado con tanta familiaridad como los espías, ni a nadie se le otorgan recompensas tan grandes como a ellos, ni hay asunto más secreto que el espionaje.

Si no se trata bien a los espías, pueden convertirse en renegados y trabajar para el enemigo.

No se pueden utilizar espías sin sagacidad y conocimiento; no puede uno servirse de espías sin humanidad y justicia, no se puede obtener la verdad de los espías sin sutileza. Ciertamente, es un asunto muy delicado. Los espías son útiles en todas partes.

Cada asunto requiere un conocimiento previo.

Si algún asunto de espionaje es divulgado antes de que el espía haya informado, este y el que lo haya divulgado deben morir.

Siempre que quieras atacar a un ejército, asediar una ciudad o matar a una persona, has de conocer previamente la identidad de los generales que la defienden, de sus aliados, sus visitantes, sus centinelas y de sus criados; así pues, haz que tus espías averigüen todo sobre ellos.

Siempre que vayas a atacar y a combatir, debes conocer primero los talentos de los servidores del enemigo, y así puedes enfrentarte a ellos según sus capacidades.

Debes buscar a agentes enemigos que hayan venido a espiarte, sobornarlos e inducirlos a pasarse a tu lado, para poder utilizarlos como agentes dobles. Con la información obtenida de esta manera, puedes encontrar espías nativos y espías internos para contratarlos. Con la información obtenida de estos, puedes fabricar información falsa sirviéndote de espías liquidables. Con la información así obtenida, puedes hacer que los espías flotantes actúen según los planes previstos.

Es esencial para un gobernante conocer las cinco clases de espionaje, y este conocimiento depende de los agentes dobles; así pues, estos deben ser bien tratados.

Así, solo un gobernante brillante o un general sabio que pueda utilizar a los más inteligentes para el espionaje, puede estar seguro de la victoria. El espionaje es esencial para las operaciones militares, y los ejércitos dependen de él para llevar a cabo sus acciones.

No será ventajoso para el ejército actuar sin conocer la situación del enemigo, y conocer la situación del enemigo no es posible sin el espionaje.